Lehrer

Ein fröhliches Wörterbuch
nicht nur für Lehrer, sondern auch für alle,
die mal mit Lehrern zu tun haben
oder hatten.

Von Paul Pelshenke
mit Zeichnungen von Wolfgang Willnat

TOMUS

Satz: Satzstudio Geiß, Puchheim
Druck: Schwabenverlag, Ostfildern
Bindearbeiten: Sigloch Buchbinderei, Künzelsau
1 2 3 4 5 6 92 91 90 89
(Jeweils erste und letzte Zahl maßgeblich)
ISBN 3-8231-0164-1

Lehrer

„War das nicht eben dein alter Mathematiklehrer?“

Abfalleimer
„Seitdem wir den Abfallbehälter dort oben anbrachten, wirft keiner mehr etwas daneben!“

A

Abfalleimer

auf dem Schulhof. Siehe Abfalleimer in der Klasse. Im Gegensatz dazu jedoch zusätzlich geeignet als Bierdosen-Entsorgungs-Zwischenlagerungsstation und Freudenfeuerstätte für Zeugnisse und blaue Briefe.

Abfalleimer

in der Klasse. Plastikbehälter in Türnähe. Früher Papierkorb genannt. Alte Bezeichnung falsch, da schon damals kein Korb, sondern Holzbehälter. Deshalb umgetauft in „Abfalleimer". Neue Bezeichnung auch falsch, da der typische Tragebügel fehlt. Neue Bezeichnung noch nicht in Sicht, da das Formulierungsproblem noch nicht beim formulierungsentscheidungsbefugten Schulträger vorliegt.

Der Abfalleimer ist ein relativ leerer Behälter, der von Abfällen aller Art umgeben ist. Zielen ist leicht, Treffen nicht.

Adjektiv

Begriff verursacht plötzliche Schweißperlen am hohen Haaransatz der hohen Lehrerstirn, weil der Lehrer nach all den Jahren Abwesenheit von Gymnasium und Praxis an der Lehrerfront selbst nicht mehr so genau weiß, wann man nun Adjektiv, Attribut oder sogar Adverb sagen muß. Da ist das Wiewort doch unverfänglicher, deutscher, — allerdings nicht so akademisch.

Aktenkoffer

des Lehrers. Aus Leder. Weihnachtsgeschenk der Lehrersfrau. Mit Zahlenschloß, damit der Lehrer nicht an seine Lesebrille kommen kann, weil sich die nur ihm bekannte Zahlenkombination schon beim Bewundern des Koffers verstellt hat, während die Brille ordnungsgemäß im Koffer ruht. Dient dem Transport wichtiger Unterlagen des Beamtenheimstättenwerks (BHW), der privaten Krankenkasse und des Besoldungsamtes in die Schule (und zurück) zwecks Kopierens auf dem Schulkopierer. Nimmt auch das kopierwürdige, launige Gedicht zum 80. Geburtstag der Lehrer-Schwiegermutter auf, damit dieses wertvolle Kulturgut aus der Hand des Fachmanns der Nachwelt erhalten bleibt

Anschauung

(„Liebe Omi, Du wirst achtzig, und man sieht, die Omi macht sich . . .“).

Aktenkoffer

des Schülers. Nicht aus Leder. Zeitgerechter Handtransportcontainer für Chips (Computer), Chips (aus Kartoffeln), Bravos, Raubkopien, Disketten, Pornohefte, Cola-Dosen, Poesie-Alben, Musi-Cassetten und Butterbrote. Gelegentlich auch für Schulhefte und -bücher.

Alarmprobe

Von Lehrern lange geplantes, allen Lehrern bestbekanntes Geheimnis, damit jeder Kollege bei einer Übung beweisen kann, wie toll sachlich seine Klasse im Ernst- und Krisenfall reagiert.

Anschauung

Seit der Antike als belebendes Element jeden Unterrichts anerkannt und unverzichtbar. Bücher sind eingetrockneter Ersatz und dienen den Gewinnmaximierungsbemühungen der Schulbuchverlage. Wird von reflektierenden, verantwortungsbewußten Lehrern gern und bei jeder Gelegenheit eingesetzt.
Hat gelegentlich ihre Grenzen, z. B. in Biologie (Gewicht, Skelett, Lebenserwartung und Paarungsverhalten der Elefanten), Zinsrechnung (Schulden der Bundesrepublik) und Sexualkunde (Fortpflanzung, Wehen, Kaiserschnitt, Geburtskomplikationen).

Ansichtsexemplare

von Schulbuchverlagen. Portofrei an Lehrer gesandte Schulbuch-Prüfstücke, die dieser nach Kopieren der paar brauchbaren Seiten schnellstmöglich durch die Sekretärin zurückschicken läßt (unfrei), bevor eine Rechnung kommt.

Aquarium

im Lehrer- und Rektorzimmer. Tummelgewässer für exotische, bunte Warmwasserfische kleinster Bauart, die vom Fachhändler um die Ecke, dessen Tochter eigentlich hätte sitzenbleiben müssen, gestiftet worden sind. Innenbeleuchtung und Wasserpflanzen hat der Schulverein bezahlt, Futter bringt der Rektor mit. Unentbehrlich zur Nerven-Regeneration für Lehrer vor und nach anstrengenden Unterrichtseinheiten (Fische sind schön und geben keine Widerworte). Unzumutbar für den, der für das Becken zuständig ist (Fische machen keine Sommerferien). Unerfindlich, wer wann die Anschaffung beschlossen hat.

Arztzimmer

in der Schule. Baulich vorgeschriebener Raum in Schulen, obwohl Ärzte ihre geneigte Kundschaft kommen lassen. Meist in unmittelbarer Nähe von Sekretari- und Rektorat. Ausgestattet mit Meßlatte und Liege. Meßlatte ist kaputt, Liege dient der Sekretärin zum autogenen Training.
Da die Schule weder über ein EEG-Gerät noch ein Computer-Tomogramm verfügt und Röntgen-Strahlen für Lehrer viel zu gefährlich sind, dürfen schulärztliche Untersuchungen hier nicht stattfinden. Kommt die Schulzahnärztin (die mit den weisen Ratschlägen zum Zähneputzen), geht eine Klasse auf Wandertag, damit ein Raum frei ist (bei schlechtem Wetter schulfrei).
Also Requisitenkammer für Theateraufführungen beim Schulfest und Lagerraum für Trödel des nächsten Basars.
Herzinfarktinitiator für den Hausmeister.

Atzwentzkrantzkertze

Beliebter Lehrergag in der Vorweihnachtszeit, wenn die Schülerfreude auf den neuen Computer unter dem Weihnachtsbaum die vom Lehrer erwartete Freude auf neue Lernzuwächse übersteigt: „Wer ein Wort mit viermal tz findet, darf nach Hause gehen."

Aufklärung

Diese europäische Geistesbewegung haben die Lehrer nicht ganz begriffen. Weder Descartes noch Diderot oder Leibniz, Locke, Rousseau und Spinoza, noch nicht einmal Voltaire haben damit Kondome, (Glücks-)Spiralen oder Sexualtechniken als Unterrichtsinhalte gemeint oder genannt.
Somit geht der Aufklärungsunterricht an der wirklichen Sache gründlich vorbei.

Ausländer

In manchen Bundesländern noch soeben in der Minderheit befindliche Schülergruppe, deren Rechtschreibleistungen deutschen Schülern vom Lehrer als Vorbild vorgehalten werden. Lernen im Ausland macht eben mehr Spaß.

Ausländer
„Keinen Limbo, Bob!
Wir springen über die Latte!“

B

Basar

Alljährliche Demonstration dessen, was Lehrer und ihre Ehehälften bzw. Sozialpartner privat kaufen (und bezahlen) und zuhause zustandebringen und sich als Schülererzeugnis verkaufen läßt. Dazu werden ausgenutzt
— die soeben erfolgte Dezember-Sonderzahlung,
— die vorweihnachtliche Kaufhysterie,
— das dringende Bedürfnis, vor Publikum was Gutes zu tun.
Die Erlöse kommen den Schülern, die so fleißig für den Basar gearbeitet haben, über die Umwege Kopierpapier und Arbeitsblätter wieder zugute.

BASS

Alljährliche Jahresbeilage des Kumi (siehe dort) in Nordrhein-Westfalen zu den Amtlichen Mitteilungen:
„Bereinigte (!) Amtliche (!) Sammlung der Schulvorschriften zum Gemeinsamen Amtsblatt des Kultusministeriums und des Ministeriums für Wissenschaft und Forschung des Landes NW."
1150 Seiten DIN-A-4 jährlich.
Und diese Vorschriften recyclen jährlich auf Recyclingpapier.

Beglaubigung

Kostenlose Amtshandlung des Schulleiters für Lehrer. Betätigung des Siegels.
Kostet beim Notar das Sechsundneunzigfache.

Bekenntnisschule

Von einer größeren Institution geförderte Grundschule mit den drei Hauptfächern katholische Religion.

Blasenschwäche

des Schülers. Die Vesica Urinalis (Urinblase) eines Erwachsenen faßt 300—500 ml. Die Schülerblase ist erheblich elastischer als die Lehrerblase und drückt entweder schon bei 3 ml oder erst bei 5.000 ml. Das kommt auf die Unterrichtssituation an. Die Blase drückt nicht nach Füllungsgrad, sondern immer dann, wenn der Schüler seine Hausaufgaben zeigen soll oder bald drankommt. Mit dem Pausenzeichen hört der Druck schlagartig auf, damit er sich in der nächsten Stunde wieder melden kann.

Blasenschwäche

CD-Player

Für den Darm (Intestinum) gilt das entsprechend, die Abwesenheitszeiten des Schülers verlängern sich dann entsprechend.

C

Cassettenrecorder

Das Gerät, das in viel zu wenigen, dazu kaputten Exemplaren zwar theoretisch irgendwo vorhanden, aber in der Schule unauffindbar ist, wenn alle Lehrer in allen Klassen gleichzeitig ihre obligatorischen Weihnachtsfeiern abhalten müssen und sich und die liebe Klasse beschallen lassen möchten.
Die Zeiten sind nun einmal vorbei, als irgendeiner bei irgendeiner ähnlichen Situation einfach „Stille Nacht“ erfand.

CD-Player

Unwiderruflich vorletzter Angriff der Unterhaltungs-Elektronik-Industrie-Mafia auf die Schulpflegschaftskassen zwecks Anschaffung eines derartigen Geräts, um feststellen zu lassen, was Lehrer am schnellsten kaputtkriegen und was auf Vorrat produziert werden kann: Fernseher, Plattenspieler, Cassettenrecorder oder vielleicht sogar CD-Player.

Chancengleichheit

Häufigkeitsvokabel der Lehrer.
Da alle Lehrer und Schüler gleich sind, gilt für alle Chancengleichheit.
Also sind die Verdienstchancen für Gymnasiallehrer gleich und für Volksschullehrer auch gleich, allerdings gleich null. Die Ausbildungs- und Beschäftigungschancen für Abiturienten und Sonderschüler sind auch gleich, nur die Berufe nicht. Chancengleichheit heißt eben nicht Berufsgleichheit.

Chronik

Im Schulsafe befindliche, keinem Kollegen bekannte Sammlung von Berichten über außerordentliche Lehrertaten, die sogar der Öffentlichkeit bekanntgeworden sind. Wird regelmäßig ergänzt (Sekretärin). Dient in Abständen von 25 Jahren als Vorlage zur Vorbereitung von Festansprachen zu Schuljubiläen.

D

Dienstalterstufe

Wenn Lehrer im Dienst älter werden, steigen ihre Dienstalterstufen, und mit den Dienstalterstufen steigen die Bezüge. Erfahrung kostet eben Geld.
Die Dienstalterzulage ist allerdings besser bekannt unter den Bezeichnungen Greisengeld oder Verkalkungsprämie.

Dienstbefreiung

Unterrichtsbefreiung des Lehrers zwecks Fortbildung an Unterrichtstagen. Diese Befreiung wird von Lehrern vorzugsweise in Anspruch genommen, wenn Fortbildungsveranstaltungen stattfinden, die um 11.05 Uhr beendet sind. Diese Fortbildungsveranstaltungen müssen aber an Tagen stattfinden, an denen der Lehrer normalerweise — was ist bei dem Job schon normal? — bis 15.30 Uhr Unterricht hätte.

Dienstbesprechung

Offizielle, nachträgliche Begründung der Schulleitung für Überziehung der Pause durch den Lehrkörper um mehr als 15 Minuten. Der dienstliche Lehrerausflug muß schließlich dienstlich besprochen werden.

Dienstfahrten

Häufen sich gegen Jahresende dramatisch, falls die Werbungskosten des Lehrers nach neuesten Hochrechnungen zwei Drittel des Lehrergehalts noch nicht überschritten haben sollten.

E

Ehrenämter

Müssen nur von Lehrern angenommen werden, die entweder Schulleiter oder Schulaufsichtsbeamte werden wollen. Die anderen können wegen zu starker beruflicher Engagements ablehnen.

Dienstbefreiung
„Ich muß
zu einem Pädagogik-Lehrgang;
warum fragen Sie, Frau Kollegin.“

Elternsprechtag
„Sie sind der Lateinlehrer
von meinem Sohn!
Ich habe schon viel
von Ihnen gehört,
Herr Armleuchter!“

Eidgenossen	Lehrer, die kurz vor erhofftem Konferenzschluß mit dem Schulleiter stimmen, weil sie sich vor dem ersten Nachhilfeschüler (15.00 Uhr) noch etwas aufs Ohr legen möchten.
Einladungen	zum Elternsprechtag. Schlecht lesbare Massenanfertigungen auf Recycling-Papier. Gibt der Lehrer den Schülern so rechtzeitig mit, daß ausreichend Zeit zum Terminvergessen bleibt. Erinnern sich Eltern dennoch an einen Termin, dann deswegen, weil er gestern gewesen wäre.
Einwort- Mehrwortschreibung, Groß-Kleinschreibung	Abschaffung von Rechtschreibreformern dringend gefordert. Ist doch egal, ob man schreibt „der gefangene Floh" oder „der Gefangene floh". Ist doch auch egal, ob der Schüler des Rechtschreibreformers eine schwangere Freundin sitzenläßt oder im Bus eine gebrechliche Oma sitzen läßt? Nur ein paar alte, ziemlich verkalkte Lehrer bestehen auf Regeleinhaltung. Und diese Leute tragen auch ziemlich häufig Krawatten. Sie behaupten, daß man doch zwischen den Zeilen (was steht da überhaupt !) lesen können müsse: Wenn im Wald Arbeiter im Regen Verkehr haben, haben Waldarbeiter regen Verkehr.
Elternsprechtag	Die beiden Tage nach den Zeugnissen, an denen alle Lehrer besonders freundlich und verständnisvoll sind. Elternsprechtage dürfen niemals auf einen Montag oder Dienstagvormittag gelegt werden, da dann den Friseurinnungen das ganz große Geschäft dadurch entgehen würde. Friseure haben nämlich montags geschlossen. Die treffendere Bezeichnung für Elternsprechtag wäre Lehrersprechtag, weil die Lehrer viel mehr sprechen als die Eltern.
Erziehungsberatungsstelle	Institutionalisiertes Lehrer-Über-Ich. Wer nicht weiß, was das ist, muß bei Sigmund Freud, 1856—1939, nachlesen. Der hat den Lehrern was gegeben! Gibt Lehrern wertvolle Tips, was früher und anderswo falsch gelaufen ist, was Lehrer also nicht auf ihre Kappe nehmen müssen.

F

Fach(hoch)schulreife Wird von Lehrern aller Schulformen (außer Grund-, Sonder- und Baumschulen) angepriesen. Ist nur noch zu verhindern durch lebenslange Haft ohne Bewährung ab Vollendung des 14. Lebensjahres des Schülers (Beginn der Straffähigkeit) in einer Justizvollzugsanstalt (Knast), der keine Schule angegliedert ist.

Fahnenflucht Bestrebungen des Lehrers, nach Kegel-, Skat- oder Polterabenden mit übermäßigem Alkoholgenuß stehend am offenen Fenster zu dozieren oder die Klasse mit einem unerwarteten Unterrichtsgang in den Stadtpark zu beglücken.

Feierabend Die freie Zeit, die der Lehrer nicht hat, weil er in dieser sogenannten freien Zeit Nachhilfeunterricht gibt, in der Volkshochschule anderen Leuten zu hoher Volksbildung verhilft, seine Frau zum Teilzeitjob fährt, die Spülmaschine im Eigenheim oder 5-fache Formulare mit frei erfundenen Angaben füllt.

Fenster, im Klassenzimmer Das Gerät, das dem Lehrer einen Blick in die Ferne erlaubt, nennt man Teleskop. Das Gerät, das dem Lehrer einen Blick auf kleinste Teilchen erlaubt, nennt man Mikroskop. Das Gerät, das dem Lehrer einen Blick nach draußen erlaubt, nennt man Fenster.

Fensterbank Lehrer dürfen besonders beim Unterrichten den Kontakt zur rauhen Wirklichkeit nicht verlieren. Deshalb schauen sie oft und gern aus dem Fenster. Damit sie über dem Kontakt mit der Wirklichkeit den Kontakt mit der Arbeit nicht verlieren, ist die Fensterbank mit Heften, die längst hätten korrigiert werden müssen, sowie Büchern aus der Lehrerbücherei, die längst hätten wieder dort sein müssen, überladen. Wird alles geschickt ohne platzraubende Zwischenräume waagerecht gelegt, passen obendrauf noch eine liegengebliebene Mütze, zwei herrenlose Regenschirme und die Schultaschen der beiden Schwänzer.

Fenster

„Lest euch jetzt in aller Ruhe die nächsten zehn Seiten durch!“

Ferien des Lehrers
„Schöne Ferien und bessert euch!“ „Danke gleichfalls!“

Ferien Herbstferien: zwischen Sommer- und Weihnachtsferien. Weihnachtsferien: zwischen Herbst- und Osterferien. Osterferien: zwischen Weihnachts- und Pfingstferien. Pfingstferien: zu kurz. Sommerferien: Hauptsaison.

Filmvorführgerät Knackpunkt für Lehrernerven. Der vorbereitende Kampf mit der überholten Technik löst beim Schüler Freudentaumel, beim Lehrer Verzweiflungstaumel aus.

Filmvorführung Zur Vorführung durch Lehrer sind ausschließlich mindestens zwanzig Jahre alte Lehrfilme zugelassen, damit das Schülerlachen an falscher Stelle beim Lernen nicht zu kurz kommt. Die eckigen Bewegungen der altmodisch gekleideten Hauptdarsteller müssen auf die scheppernde Tonbegleitung sorgfältig abgestimmt sein und umgekehrt, damit audio-visuelles Lernen nicht nur garantiert, sondern auch garantiert lustig bleibt.

Flurtoilette Von Bauaufsichten, Architekten und Schulverwaltungen favorisierte Bezeichnung für den kleinen, abschließbaren, gefliesten Raum jeden Schulflures, der für die hastige Schüler-Lehrer-Zigarette viel besser geeignet ist als zum Pinkeln.
Die Aschenbecher dort sind übergroß. Sie sind aus weißem Porzellan und hängen in einwurffreundlicher Höhe an der Wand. Sind diese hinter einer weiteren Sichtschutztür auf dem Boden festgeschraubt, sind sie mit einer zusätzlichen, ovalen, schwarzen Plastik-Zielscheibe ausgestattet, damit auch stark Sehgeschädigte hineintreffen.

Formular, dreifach Gibt es für Lehrer nicht mehr. Müssen wegen der arbeitsmarktpolitischen Notwendigkeit von Arbeitsbeschafffungsmaßnahmen (ABM statt ABS) mindestens fünffach sein.

Fortbildung Hauptsache, fort. Der Lehrer ist fort und erfährt so-fort, welche Ideologie im Moment in und welche out ist. Da sich das regelmäßig ändert, müssen Lehrer sich regelmäßig fortbilden.

Freiheitsberaubung des Lehrers. Jeder Versuch von Schülern, Eltern oder sogar Hausmeistern, einen Lehrer über das Ende des Pausenzeichens hinaus in Anspruch zu nehmen, ist ein Straftatbestand im Sinne des § 239 StGB (Strafgesetzbuch), nämlich konkret Freiheitsberaubung. Fünf Jahre (§ 239.1), ja sogar zehn Jahre (§ 239.2) Freiheitsentzug können die gerechte Folge sein!
Die Landeselternpflegschaft hat jedoch höchstrichterlich durchdrücken lassen können, daß Ansprechversuche noch während des Pausenzeichens unter das Amnestiegesetz fallen dürfen.

Freizeit, des Lehrers Unbekannte, wohlbehütete Größe. Von Mathematiklehrern in Gleichungsversuchen als x („icks“) bezeichnet. Da es mehrmals mehrere Ferien gibt, gibt es logischerweise auch Gleichungen mit mehreren Unbekannten.

Friedenstaube Obligatorischer, blau-weißer Aufkleber für Lehrerautohecks. Darf erst bei unwiderruflicher Verbeamtung entfernt werden.

Führungsstil

— autoritärer: Lehrer bestimmt, was getan wird. Ist Unsinn, da Schulrätin progressiv.
— sozialintegrativer: Lehrer sagt mal so, mal so. Ist Unsinn, da Schüler (und Eltern) aus dem Lehrer und seiner Linie nicht schlau werden.
— laissez-faire: Total demokratisch, weil Lehrer bestimmt, daß Schüler das machen müssen, was sie gerade machen möchten, aber nicht wissen. Ist Unsinn, weil der Hausmeister für den baulichen Erhalt der Schule zuständig ist und seine Putzkolonne den Dreck wegmachen muß.
— richtiger: Ist auch Unsinn, weil die jeweiligen Schulaufsichtsbeamten, die über „richtig“ oder „falsch“ zu entscheiden haben, zu schnell die richtige Partei entdeckt haben und deswegen zu schnell Karriere machen, d. h. wieder weg sind.

Fuschzettel Überholtes, selten gewordenes Antiquariat aus der noch schreibenden Schülergeneration. Durch quantitativ und qualitativ

Führungsstil, des Lehrers

„Ich bin bei den Schülern sehr beliebt, Herr Direktor!“

Gartenamt

überlegene High-Tech-Walkmen längst wegrationalisiert. Walkmen sind schließlich geduldet, seit man weiß, daß Unterricht in den lange geforderten kleinen Klassen die Schüler überfordert und kaputtmacht. Da ist dieser Walkman ein ernstzunehmender Aufschrei, der erstens das seelische Gleichgewicht des Schülers wiederherstellen kann und zweitens den tüchtigen Schulpsychologen zu verdanken ist.

G

Gartenamt

Behörde, die nur Mitarbeiter mit erfolgreich bestandenem Lehrerfeindlichkeitstest einstellen und beschäftigen darf. Hat den Einsatz der Motorrasenmäher auf Schulgeländen so zu koordinieren, daß dieser ausschließlich vormittags an Unterrichtstagen und keinesfalls während der Sommerferien stattfindet.
Für diese schwierige Aufgabe braucht man schließlich ein Amt mit einem Amtsleiter.

Gauß, Carl Friedrich

*1777 Braunschweig, †1855 Göttingen. Erfinder der Gauß'schen Normalverteilungskurve, Schutzpatron aller Mathe- und Physiklehrer.
Mit der Gauß'schen Normalverteilungskurve kann außer einem wirksamen Mittel gegen Schnupfen und Logik in der Liebe alles nachgewiesen werden.

Gebet, des Lehrers

„Lieber Gott, nimm es hin,
daß ich was Besond'res bin.
Gib es ruhig einmal zu,
daß ich klüger bin als Du.
Preise öfters meinen Namen,
denn sonst setzt es etwas.
Amen."

GEW

Nicht: Gas-, Elektrizitäts- und Wasserwerk. „Gewerkschaft Erziehung und Wissenschaft".

Kämpft vorbildlich und hartnäckig (hartnäckig ist etwas anderes als engstirnig) für regelmäßige Erhöhungen der Lehrerbezüge, da ihre Mitgliedsbeiträge prozentual an die Bezüge der Lehrer gekoppelt sind (Bankeinzug).
Benutzt zwei Standardformulierungen:

1) „Dafür haben wir schon immer gekämpft" (bei erfreulichen Erlassen aus der Landeshauptstadt).
2) „Dagegen haben wir schon immer gekämpft" (bei unerfreulichen Erlassen aus der Landeshauptstadt).

Gewerkschaft siehe GEW.

Greisenzulage Gehässige Bezeichnung von jüngeren, noch unerfahrenen Kollegen für das Aufgeld, das der Dienstherr älteren, erfahrenen Kollegen für ihre Treue und Solidarität dem Dienstherrn gegenüber konzediert. Dabei erfahren die Jüngeren doch von den Älteren, wie das schon immer so war.

H

Haltbarkeitsdatum, des Lehrers siehe Bodenblech.

Hausmeister Mit Abstand wichtigster Mann der Schule. Unterscheidet sich von Lehrern und deren Vorgesetzten als einziger sichtbar dadurch, daß er im wohlgeordneten Gefüge (wofür er zuständig ist) Dienstkleidung (grauen Kittel) trägt:
„Ich und der Rektor haben angeordnet, daß . . ."

Heureka! Griechisch: Ich hab's.
Spontanausruf des Lehrers, wenn ihm beim Treppenanstieg zu seiner Vertretungsklasse doch noch eine Idee für die nächsten 45 Minuten kommt.

Hausmeister

„Sie haben nur gesagt, daß wir auf das Fenster achten sollen!"

Hinfahrt. zur Schule

„Ich gehe nicht zur Schule, meine Mutter fährt mich immer hin!“

Hinfahrt, zur Schule

Die tägliche Katastrophe. Da gibt es gegen acht Uhr im Lehrerzimmer mehr zu berichten als nach der Überführung eines geklauten Sattelschleppers schwäbischer Bauart auf den Bosporus. Nur solche Leute vor den dienstbeflissenen und unterrichtsgeilen Pädagogen (aus Überzeugung) auf den Straßen, die nicht wahrhaben wollen oder dazu geistig nicht in der Lage sind, von wievielen Schülern mit Bildungsanspruch (man schaue in das Grundgesetz!) die Wissensverkäufer sehnlichst erwartet werden. Dabei trödeln diese unpädagogischen Verkehrshindernisse derart dicht vor den zum Dienst Eilenden her, daß der letzte Lehrerparkplatz direkt vor dem Hauptportal schon wieder von dem jungen Naseweis besetzt ist, der erst vor acht Jahren zum Kollegen geworden ist.
Daß der auch noch eine uralte Ente fährt, ist die Höhe und verstärkt den Frust.

I

Intelligenztest

Wasserdichter Nachweis der Psychologen-Mafia, daß es amtlich doofe und amtlich schlaue Schüler (und Lehrer) gibt.

J

Joy-Stick

Das Zusatzgerät zum Schulcomputer, das der Lehrer dauernd vergeblich sucht, weil es längst geklaut ist und irgendwo zuhause (natürlich nicht bei Lehrern) viel bessere Dienste leistet.
Wird als Verbrauchsmaterial laufend nachbestellt (Dauerauftrag) wie Büro- oder Heftklammern.

K

Karneval

Wird von Lehrern für gesetzlichen, 48-stündigen Feiertag gehalten. Auch im karnevalsfremden Ostfriesland. Keiner darf benachteiligt werden. Gewohnheitsrechtlich nichts dagegen einzuwenden. Rosenmontag-Vormittag ist von Lehrern fest eingeplant, um die Einkommensteuer-Erklärung persönlich zum Finanzamt zu tragen (man hat ja frei) und dort (Zimmer 304) mit dem treuesten Bernhardinergesicht zu interpretieren. Das Abhaken mit dem schwarzen, finanzamtlichen Kugelschreiber geht dann besonders zügig, wenn der gestreßte, aufgrund seiner Streßerfahrung clever gewordene Lehrer erst zwanzig Minuten vor zwölf Uhr im Bearbeitungszimmer eintreffen kann. Die karnevalistisch gestimmten Sachbearbeiterinnen sind dann sehr freundlich und verständnisvoll, auch bei Zweifelsfällen. Auch sie möchten schließlich pünktlich den Zug sehen.

Kinderfrau

Freundliche Dame jüngeren Alters (hat noch keine Kinder) oder älteren Semesters (hat die Kinder groß), die es der Lehrersfrau ermöglicht, vormittags arbeiten zu gehen, um die Kinderfrau zu bezahlen. Die Lehrersfrau ermöglicht also durch ihren Job der Kinderfrau, Kinderfrau zu sein.

Kinderschutzbund

Die mit den netten blau-weißen Aufklebern: Ich mag Kinder. Die Aufkleber wurden deshalb so spät ausgeliefert, weil irgendein Lehrer den ersten Aufkleber-Entwurf „Ich mach Kinder“ nicht für richtig hielt.

Klassenarbeit

Mogeltraining für die Abschlußprüfung. Gelegenheit für den Lehrer, die täglich feierlich proklamierten Regeln von Hilfsbereitschaft, Teamgeist, Kooperation und Subsidiaritätsprinzipien für 45 Minuten außer Kraft zu setzen. Dabei kann er als Nebenprodukt mikroskopisch kleine Teilchen des großen Wissens wieder einsammeln, das er vier Wochen vorher so großzügig ausgeteilt hat.

Klassenarbeit

Klassenschrank
„Ich habe Sie gewarnt,
den Schrank zu öffnen!“

Neuerdings Klausur genannt. Das ändert aber nichts am Problem, sondern wertet bestenfalls Klaus und Klaus auf.

Klassenbuch

Das klasse Buch der Klasse.
Tarnbezeichnung für „Münchhausens Tätigkeitsberichte". Glaubhaft jedoch die Tadel- und Unterrichtsausfalleintragungen:

Montag:	„Heinz-Georg A. verbreitet unanständige Gerüche, verbunden mit einem unästhetischen Geräusch."
Dienstag:	„Willibert-Walter W. ißt während der katholischen Unterweisung."
Mittwoch:	Elternsprechtag
Donnerstag:	Wandertag
Freitag:	Lehrerausflug
Sonnabend:	Lehrerfortbildung

Klassenschrank

Verschlossenes Großmöbel im Klassenzimmer. Schlüssel entweder ganz weg, wenn nicht, dann Rest des Schlüssels (Bart) als Erinnerungshilfe im Schloßinneren.
Inhalt könnte dem Vorgänger des Hausmeisters bekannt gewesen sein. Dieser ist aber vor fünf Jahren leider im hohen Alter in einem Meraner Altersheim verstorben.

Klassensprecher

Der, der an der Tafel steht und die Schwätzer aufschreibt, während der Lehrer angeblich was ganz Dringendes zu tun hat (z. B. Marlboro oder was Privates kopieren).

Kochgeld

Spendengeld kann gespendet und gewaschen werden, Kochgeld kann aber nicht gekocht werden. Kochgeld soll zum Kochen mitgebracht werden, wird aber meist auf dem Weg zum Kochunterricht verbraten, so daß nur das gekocht werden kann, was vorher nicht verbraten wurde.
So bleibt nur das, was bei der letzten Ganztagskonferenz von Lehrern nicht zur Erhaltung ihrer Abstimmungskraft verzehrt wurde.

Kochunterricht

Bestandteil von Haushalts- und Wirtschaftslehre. Wird ausschließlich von Lehrkräften erteilt, die in den Ferien, im Urlaub, aber auch während der Schulzeit vormittags in der Schule sind. Kochunterricht ist Fachunterricht, also unterrichten Fachlehrer. Da diese Fachlehrer in ihrer Kindheit und Jugend von ihren Müttern bekocht wurden, dann ein paar Jahre in der Mensa tafelten, um danach vormittags in den Dienst zu gehen, ist der Titel Fachlehrer fachlich zulässig und richtig, weil diese Fachlehrer fachlich zuverlässige Fachkräfte mit großer fachpraktischer Erfahrung sind.

Komma

Kommunikationsverzerrender Beistrich, auf dessen korrekten Einsatz nur noch altmodische, kurz vor der Pensionierung stehende Lehrer bestehen. Nachstrebende Reformpädagogen streuen Kommas oder Kommata nach dem Subventionsprinzip in die geschriebene Rede, da zur zweckmäßigen Verwendung der Kommas oder Kommata (Kommatas gibt es nicht!) Grundkenntnisse der deutschen Grammatik (Syntax) erforderlich sind:
Wer guckt denn schon genauer hin:

— Er will sie nicht.
  Er will, sie nicht.
— Was willst du schon wieder?
  Was willst du, schon wieder?
  Was, willst du schon wieder?

Komparativ

Die Grammatik kennt und nennt drei Formen des Adjektivs:
1) den Positiv (Grundstufe): gleicher Grad (z.B. schön),
2) den Komparativ (Mehr-, Höherstufe): ungleicher Grad (z.B. schöner),
3) den Superlativ (Meist-, Höchststufe): höchster Grad (z.B. am schönsten).

Steigert man nun den Positiv „leer“, kommen der Komparativ „Lehrer“ und der Superlativ „Oberlehrer“ zustande.

Konferenz

Turnusmäßige Zwangsanhäufung von Lehrern um den sog. Konferenztisch.

Komma

„Wie kommt es, daß du auf einmal alle Kommas richtig setzen kannst?“

„Mein Vater ist verreist!“

Konferenzverlauf
„In die Ecke,
Herr Müller-Thurgau!“

Während bei den Konferenzen ähnliche TV-Talkshows das Ende nicht unerheblich hinausgeschoben werden kann, wird bei Konferenzen der protokollierte Beginn nicht unerheblich hinausgeschoben, weil zuerst Konsens hergestellt werden muß, ob überhaupt nicht, nur in den dazu einzurichtenden Pausen oder generell und dauernd geraucht werden darf.
Nach dieser wegen des Demokratieverständnisses verständlichen Verzögerung muß noch ein Protokollant gefunden werden, was das Schwierigste bei einer Konferenz überhaupt ist.
Unter Leitung des Konferenzleiters werden dann Probleme diskutiert, die zuerst einmal gesucht und zu solchen gemacht werden müssen. Wenn keinem mehr was einfällt oder der Schulleiter seinen Hund abholen oder ausführen oder beides muß, werden schnell einstimmige Beschlüsse gefaßt, die im Gegensatz zu den Problemen vorher schon feststanden. Die Einstimmigkeit wird dadurch erleichtert, daß Antragsgegner ihre Nein-Stimmen entweder nur auf dem obersten Brett der Bücherwand stehend oder unter dem Konferenzleiterstuhl liegend abgeben können.

Konferenzbeginn

Steht im Protokoll der Lehrerkonferenz.
Liegt tatsächlich etwa eine bis zwei Stunden nach dem protokollierten Beginn.

Konferenzbeschluß

An ihn können sich nur die Lehrer erinnern, die ihn erwirkt haben.

Konferenzverlauf

An ihn können sich nur Konferenzleiter und Protokollant erinnern.

Konjugativ

Informeller Blitztest der Deutschlehrer zur Feststellung der Grammatikkenntnisse.
Wer einen der drei Termini
Konjugativ — Konjunktion — Konjunktiv
schon einmal gehört hat, kennt oder richtig schreiben kann, bekommt eine Drei.

Kumi
„Der Kultusminister hat sich halt was einfallen lassen!“

Für zwei Treffer gibt es eine Zwei.
Bei drei Treffern entscheidet die Fachkonferenz:
1) Verweis von der Schule,
2) Einschaltung des schulpsychologischen Dienstes,
3) Zwangssterilisation der Eltern.

Kopierer, in der Schule — Darf von Lehrern auch zu Dienst- und Unterrichtszwecken benutzt werden.

Kumi — Wenn „Kumi" die amtliche Bezeichnung für Kuhmist wäre, müßte „Ridu" diese für Rinderdung sein. „Ridu" steht aber nicht im BASS (siehe dort). Folglich kann mit „Kumi" nur der Kultusminister gemeint sein.
Der Kumi hat wesentlichere Funktionen, als nur Kultur, Pädagogik und Wissen zu überwachen und zu verkaufen. Er ist die menschgewordene Quantität und Qualität von Kultus, Pädagogik und Wissen, seit er vom Frontarbeiter zum Generalfeldmarschall und vom kleinen Vertreter zum Landes-Verkaufsdirektor hinaufernannt worden ist.
Merke: Je entfernter die Front, desto schöner der Offiziersball. Je fleißiger die Vertreter, desto weicher der Verkaufsdirektorensessel.

L

Lehrerfrühstück — Zwei Tassen Kaffee, zwei Marlboro, zwei Thomapyrin.

Lehrerhandbuch — Begleitbuch zum Schulbuch für die Hand des Lehrers, das dieser aber schnell wieder aus der Hand legt, weil es erstens zu dick und zweitens von einem ihm fremden Kollegen geschrieben ist, der zwar die Theorie, aber nicht die augenblickliche Rabaukenklasse des Lehrers kennt. Diese Banausen würden die gutgemeinten didaktischen und methodischen Hilfen weder kapieren noch annehmen wollen.

Lehrerkalender

Siehe Zensurenbuch.

Lehrerkrankheiten

Sind grundsätzlich beihilfefähig, auch die (last not least!) letztgenannten.
Häufigste, therapieresistente Formen:
Vegetative Dystonien, Migränen aller Art, Depressionen unbekannter Genese, Gastriten aller Magenteile, Föhnbeschwerden, periphere Kreislaufdysregulationen (nach anstrengenden Abenden), Haarausfall, Heimweh (nach Bayern), Schweißfüße und chronische Besserwisserei.

Lehrersport

Modenschau der großen Sportbekleidungshersteller, allerdings ohne Publikum und ohne Eintrittskarten. Findet an geheimem Ort in der Vorstadt hinter zugezogenen Vorhängen und verschlossenen Türen statt. Der Dusch-, Fön- und Wiederankleidevorgang danach muß pünktlich und spätestens um 18.00 Uhr abgeschlossen sein, da dann die gemütliche Kneipe gegenüber aufmacht.
Das Schönste am Sport ist der Durst danach.

Lineal

30 cm langes Hilfsmittel (mit Werbeaufdruck der Sparkasse) zum Unterstreichen, Linienziehen und Messen.
Damit organisierter Mathematikunterricht möglich ist, muß es vom Lehrer immer und mindestens mehrfach mitgeführt werden, da die meisten Schüler ihr angeblich eigenes Exemplar zerbrochen, verloren oder verliehen haben.
Für Schüler besonders geeignet als Fechtwaffe und Abschußkatapult kleiner, speichelgetränkter Löschpapierkugeln.

Logik, polizeiliche

Blutlache auf einsamer Landstraße.
Polizei ermittelt. Medizinischer Sachverständiger stellt am Unfallort an Blut und kümmerlichen Haarresten fest, daß es sich bei dem getöteten ehemaligen Lebewesen mit an Sicherheit grenzender Wahrscheinlichkeit nur um ein Reh oder einen Lehrer handeln kann. Forstamt und Schulamt werden benachrichtigt. Ermittlungsleiter gibt Entwarnung beim Forstamt und freie

Lehrerkrankheiten

„Da nun einmal bekannt geworden ist, wie kitzlig Sie sind, werden Sie sich wohl umschulen lassen müssen!“

Mehrwertsteuer

„Mit oder ohne Mehrwertsteuer?“

Lehrerstelle beim Schulamt bekannt. Vorsorglich Alarmmeldung bei der Kripo.
Begründung: Bei einem Reh müßte eine Bremsspur zu sehen sein.

Lösungsheft

Das Lösungsheft zum Mathematik- und Rechenbuch bekommen nur Lehrer (Schulsiegel bei der Bestellung erforderlich). Von Schülern begehrte Fotokopiertrophäe. Das Lösungsheft hat vier Haken:
1) Der Lehrer muß es selbst bezahlen.
2) Das Lösungsheft in Lehrerhand gehört zu einer anderen Auflage als das Buch in Schüler- und Lehrerhand.
3) Im Lösungsheft sind Fehler.
4) Sind die Ergebnisse richtig, fehlen die Rechenwege — und gerade die verursachen doch die Arbeit beim Lehrer.

M

MAD

In der Lehrerterminologie weder englischer (wahnsinnig) noch militärischer (Militärischer Abschirmdienst) Terminus.
Nicht ganz amtliche Abkürzung für die Organe, die bei jedem Schüler unaufgefordert arbeiten: Magen, Arsch, Darm.

Mehrwertsteuer

Die verdammte Prozentzahl, von der es zwei gibt, die beim Drauf- und Davonrechnen anders behandelt werden will und sich alle paar Jahre eigenartigerweise immer nur nach oben verändert.
Während Verbraucher und Lehrer als Auch-Verbraucher das sehr schnell merken, erkennen Schulbuchverlage die Preisveränderungen zunächst nur am Umsatz der Rechenbücher. Die Textaufgaben bleiben nämlich so lange beim alten Mehrwertsteuersatz, bis die Bundespost durch ausreichend viele, ausreichend böse Lehrerbriefe an die Schulbuchverlage ausreichend gut bis gut saniert bis saturiert ist.

Mengenleere / Mengenlehre

Durch den Sputnik-Schock (siehe ein nicht fröhliches Wörterbuch) ausgelöst. Die ministeriell verordnete Mengenlehre hatte uns eine Menge Mengenlehrelehrer beschert. Da die Menge Mengenlehre inzwischen aber eine leere Menge (d. h. Mengenleere) geworden ist, ist die Menge Mengenlehrelehrer eine leere Menge Mengenlehrelehrer geworden. Ist doch klar? Wie die Mengenlehre oder Lehrenmenge oder Mengenleere oder Leerenmenge oder Lehrenleeremenge oder Leerenlehrermenge oder Leerenleerenmenge oder was auch immer.

Methodik

Wissenschaft vom planmäßigen Vorgehen des Lehrers beim Unterrichten, also dem Weg zum Unterrichtsziel.
Da die Ziele nach jeder Landtagswahl neu festgelegt werden, der Lehrer aber auch mal weiterkommen möchte, die Wege zum Weiterkommen aber durch ein Labyrinth von Verwaltungs- und Verfahrensvorschriften führen, ist diese Wissenschaft umstritten, falls man über Politik oder Karriere zu streiten bereit oder dazu in der Lage ist.

Mittelstufenlehrer

Lehrer mittlerer Ansehensstufe (siehe Unterstufenlehrer, Oberstufenlehrer).

N

Nachmittagsunterricht

Reservat für nichtbeamtete Lehrer, damit beamtete ihren Nebentätigkeiten nachgehen können.

Nachruf

Wenn ein Lehrer gestorben ist, ist er nicht einfach verstorben, sondern verschieden. Diese Bezeichnung steht einem ehemaligen Amtsinhaber einfach zu.
Deshalb findet man die Mitteilung über sein Verschiedensein im Lokalblatt (Kleinanzeigen) unter der Rubrik „Verschiedenes“. Damit es dennoch zu einem würdigen Nachruf kommt, ruft der Kumi (siehe dort) den Fi-Mi (nicht: fieser Minister, nein,

Mengenleere / Mengenlehre
„Doch, ich habe eine MENGE dagegen, wenn du einen MENGENrabatt einrechnest!“

neue deutsche Schule

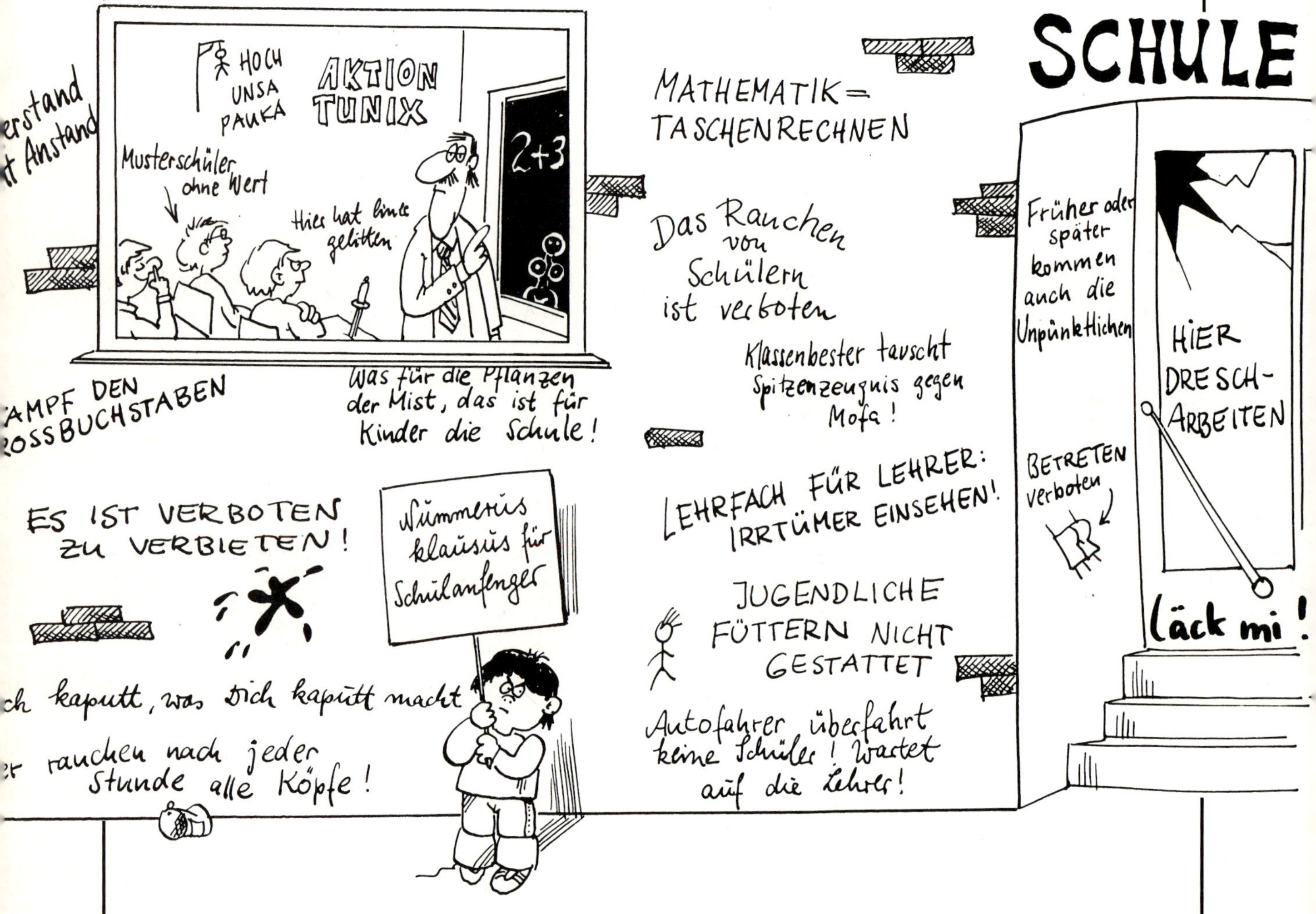

Finanzminister!) an, der dann sofort durch seine Pressestelle eine neue eingerichtete Lehrerstelle in die Printpresse bringt. Immerhin hat der Kumi nach dem Fi-Mi gerufen, und das ist doch ein würdiger Nachruf.

Neger

An einer ganz bestimmten Stelle eines ganz bestimmten Erdteils befindet sich ein ganz bestimmter Staat, der seinen Staatsnamen aufgrund seiner geographischen Lage führt. Da können noch nicht einmal Erdkundelehrer widersprechen, obwohl sie über diesen Staat immer wieder sprechen. Seitdem über diesen Staat, der über so viel Gold für unsere Währungsreserve verfügt, viel mehr als früher in Geschichts- und Sozialkundebüchern steht, ist auch die Lehrermeinung zu diesem Staat reglementiert.
Geblieben ist aber der Satz vom entschlossenen Menschen schwarzer Hautfarbe, der mit seiner Springantilope unverzagt im Niederschlag verharrt, und den der Lehrer sogar vorwärts und rückwärts lesen lassen darf, weil es sich um einen unverzagten Andersfarbigen handelt:
Ein Neger mit Gazelle zagt im Regen nie.

---

neue deutsche schule

Kein Rechtschreibbuch, dann würden nämlich auch Großbuchstaben verwendet.
Auch kein schönes neues Schulgebäude mit schönen neuen Inhalten, obwohl wir je einen tüchtigen Bundesbau- und Bundesbildungs- bzw. forschungsminister haben und bezahlen, die sich fast immer einig sind. Der Finanzminister bleibt da außen vor. Die machen dauernd Konferenzen, z. B. die Ständige Konferenz der Kultusminister oder sowas ähnliches, was immer in der Zeitung steht und keiner liest.
Konferenzen sind der Kommunikation dienlich und dem vertraulich-vertrauten Austausch von Gedanken und Ideen, — soweit vorhanden.
Die neue deutsche schule ist das Presseorgan der GEW (siehe dort) für ihre Mitglieder (auch für die ohne Glieder), damit diese immer pünklich und gewerkschaftsoffiziell erfahren, was

Sekretäre (die wollen nicht mit Sekretärinnen in einen Topf geworfen und so bezahlt werden, trotz Quotenregelung) als das im Moment Bessere vorschreiben, weil das Jetzige schon vor einem halben Jahr als das damals Bessere vorgeschrieben worden war. Wo bliebe da der Fortschritt?

O

Oberstufenlehrer Lehrer oberer Ansehensstufe (siehe Unterstufenlehrer, Mittelstufenlehrer).

Ordnungsliebe Postulat für Schülerschreibtische.
Kann-Vorschrift für Lehrerschreibtische, aber nur, wenn sich der Lehrer um die Umwelt verdient gemacht hat und deswegen ein Lokalredakteur mit Fotograf zum Interview kommt.

P

Pädagoge Aus dem Griechischen: „Knabenführer“.
Ursprünglich ein Sklave, der die Kinder wohlhabender Eltern (die gab es immer schon) in die Schule und wieder zurück zu begleiten hatte.
Heute kein abhängiger Sklave, sondern meist weisungsgebundener, manchmal etwas weisungsbefugter Beamter.

Pädagogik Erziehungswissenschaft. Cocktail (= Hahnenschwanz) aus Psychologie, Soziologie, Erziehungslehre, Methodik, Didaktik, Rechtskunde, Literatur, Praktika, Studienreisen, Feten, Taxifahren und Semesterferien.
Dieser Cocktail muß zur Abschlußprüfung beherrscht, anschließend dringend und so schnell wie möglich wieder vergessen wer-

Ordnungsliebe

Parkplatz, für Lehrer

den, da in realer Unterrichts- und Erziehungspraxis äußerst hinderlich.

Parallelklasse

Die Klasse, die grundsätzlich und fundamental sowie nachgewiesenermaßen schlechter, undisziplinierter, im Lehrplan zurückhängender, problematischer und einfach doofer ist als die eigene.

Parkplatz, für Lehrer

Geschicklichkeits-Rallye-Gelände, auf dem es darum geht, Kollegenfahrzeuge statt Parklücken zu treffen, mit einem Golf mindestens drei Opel zuzuparken, schnellstmöglich Ein- und Ausfahrt zu blockieren und Schülern optimale Voraussetzungen für Versteck-, Gelände- und Ballspiele zu schaffen.

Pausenzeichen

Von Lehrern (und Schülern) ambivalent erlebtes Signal. Obwohl gleicher Sound, wird es entweder als klasse (erstes Signal) oder beschissen (zweites Signal) empfunden.

Pennbruder

Pädagogische Hilfskraft.
Der Typ nämlich, der von jedem verantwortlichen Lehrer als warnendes Beispiel für die Schüler herangezogen wird, die die große Durchschau durch die Geschichte der Menschheit nicht begreifen wollen:
Drei — drei — drei, bei Issos Keilerei.
Wobei noch nicht einmal der Pennbruder weiß, ob das vor oder nach Christi Geburt war.

Pensionär

Ehemaliger Lehrerkollege, der in der ersten Zeit nach seinem opulenten Ausstand (kaltes Buffet, Schulrat, Schulchor, Heimatzeitung) dauernd in der Schule rumrennt und dort mehr Ratschläge als zu Hause erteilt. Läßt aber schnell nach, weil er nun nicht mehr durch all das durchkommt, wozu er jahrzehntelang vorher keine Zeit hatte.

Personalrat

Lehrervertretung, deshalb muß für Personalratslehrer (wichtige Sitzungen) so häufig Vertretung(sunterricht) gemacht werden.

Pfützen, auf dem Schulhof

Werden von Lehrern angelegt, um Schülern Erfolgserlebnisse zu vermitteln. Besonders Schüler brauchen für ihre seelische, geistige und körperliche Entwicklung das regelmäßige Gefühl, Volltreffer gelandet zu haben.
Pfützen werden jedenfalls sicherer getroffen als das Ergebnis der Aufgabe siebzehn und vier.

Plastiktüten

Prallgefüllte Plastiktüten (zusätzlich zum Lehrerkoffer) erwecken bei Ankunft in der Schule den Eindruck ausgiebiger häuslicher Vorbereitung.
Prallgefüllte Plastiktüten (zusätzlich zum Lehrerkoffer) erwecken bei Abkunft von der Schule nicht den geringsten Eindruck ausgiebiger schulischer Selbstbedienung.

Plato

Griechischer Philosoph, schrieb etwa 427 v. Chr. (Politeia) in die Herzen der Lehrer und schreibt heute noch aus den Herzen der Lehrer:
„Wenn Väter ihre Kinder einfach gewähren und laufen lassen, wie sie wollen und sich vor ihren erwachsenen Kindern geradezu fürchten, wenn Söhne schon sein wollen wie die Väter, also ihre Eltern weder scheuen noch sich um ihre Worte kümmern, sich nichts mehr sagen lassen wollen, um ja recht erwachsen und selbständig zu erscheinen; wenn die Lehrer vor ihren Schülern zittern und ihnen lieber schmeicheln, statt sie sicher und mit starker Hand auf einen geraden Weg zu führen, so daß die Schüler sich nichts mehr aus solchen Lehrern machen, wenn es überhaupt schon so weit ist, daß sich die Jüngeren den Älteren gleichstellen, ja gegen sie auftreten in Wort und Tat, die Alten sich aber unter die Jungen setzen und sich ihnen gefällig zu machen versuchen, indem sie ihre Albernheiten und Ungehörigkeiten übersehen oder gar daran teilnehmen, damit sie ja nicht den Anschein erwecken, als seien sie Spielverderber oder auf Autorität versessen, wenn auf diese Weise die Jungen allmählich aufsässig werden und sich alsbald verletzt fühlen, wenn ihnen je-

Plastiktüten
„Die Tasche kommt hier in die Tüte,
das sieht alternativer aus!“

Potenz, des Lehrers
„Man merkt, daß du Lehrer bist – andauernd 'ne Pause!“

mand auch nur den mindesten Zwang antun will, wenn sie am Ende dann auch die Gesetze verachten, um nur ja keinen Gebieter über sich zu haben, so führt dieser Mißbrauch der demokratischen Freiheit geradewegs in die Knechtschaft der Tyrannis."

Poesiealbum

Das einzig Schriftliche aus Schülerhand, das den Lehrer noch erheitern kann, falls er nicht zufällig Rechtschreiben unterrichtet:

a) Eine Rose hab ich gebrochen,
der Dorn hat mich gestochen,
mit Blut hab ich geschrieben,
ich werd dich immer lieben. (rote Tinte)

b) Geht der Lehrer in den Wald,
geh ihm nach und mach ihn kalt. (schwarze Tinte)

Politikunterricht

Von der Bundesanstalt für Arbeit gesponsert. Da viele Schüler ihr komplikationslosestes Fach mit den besten Noten später zu ihrem Beruf machen, sieht man sich dann später im Arbeitsamt wieder.

Pommfritz

Eingedeutschtes Solanum tuberosum (Erdapfel)-Produkt. Dient Schülern als Beilage zu Mayonnaise und Ketchup. Von Lehrern gefürchtet wegen der anschließenden Ausdünstungen in der Klasse.

Portokasse

Hauptbetätigungsfeld der Lehrer-Assistentin (Sekretärin). Wird sporadisch und unangemeldet behördlich überprüft. Wichtige Sache. VIP-Ebene.

Positiv

Siehe Komparativ.

Potenz, des Lehrers

Betrachtet man geistige und sexuelle Potenz differenziert (Potenz heißt schließlich Fähigkeit oder Leistungsvermögen!), stellt man schnell fest, daß da Wechselwirkungen stattfinden. Unerforscht ist, ob flotte Liebhaber flotte Lehrer sein müssen oder schlaffe Liebhaber schlaffe Lehrer sein dürfen.

Prädikatsexamen Freibrief, als junger Lehrer möglichst alles moderner und anders zu machen, damit danach möglichst viel wieder möglichst wieder anders und von möglichst vielen anderen Lehrern möglichst wieder in die Reihe gebracht werden kann.

Presse, örtliche Lokalblatt, muß jeder Lehrer abonnieren, damit er weiß, wer die Zeitung abbestellt hat (erste Seite von hinten, schwarzer Rand um Anzeige). Die Zeitung mit den schönen Rechtschreibfehlern, über die der Lehrer abwechselnd schimpft und lacht (kommt auf den zeitlichen Abstand zur Gehaltszahlung an). Die Zeitung, die er jedoch hofiert, sobald sie in seine Schule, geschweige in seine eigene Klasse kommt.

Pro Familia Einmal jährlicher Pflicht-Unterrichtsgang zu Pro Familia, nachdem die Geschlechtsreife (der Schüler) unüberseh- und -hörbar ist und die Versetzungszeugnisse geschrieben sind.
So muß der Lehrer den Einsatz von Kondomen nicht vormachen (wie so manches in der Schule) und zum Schwangerschaftsabbruch nichts bildungspolitisch Unerwünschtes sagen.

Profilhaftigkeit Fachausdruck (Terminus) für die menschliche und pädagogische Einmaligkeit eines jeden Lehrerindividuums. Blöde Laien machen gern Blödeleien auf Kosten der Profilhaftigkeit des Lehrers und schreiben „Profithaftigkeit“ (bei Lehrern mit Nebentätigkeiten) oder „Provielhaftigkeit“ (bei Lehrern, die als Studentenprotestler viel in U-Haft waren). Aber das ist nun wirklich von sehr weit hergeholt und mißachtet den Amnestiegedanken.

Prozentrechnung Wird von Lehrern beherrscht, um prozentuale Gehaltsanhebungen und Steuerabzugsanhebungen nachzurechnen. Ungeeignet, um Schülern mathematisch zu beweisen, daß ein Unternehmer 100 % aufschlagen muß, um 50 % Rohgewinn zu erzielen. Total irreführend bei der Mehrwertsteuer (siehe dort):
Läßt der Lehrer auf den Warenwert (nicht: den wahren Wert)

Pro Familia

„Wir hatten heute eine Pro-Familia-Stunde, ihr Ferkel!“

Psychologie
„Mein Lehrer versteht mich nicht!“

den gerade zufällig gültigen Mehrwertsteuersatz draufrechnen, hat er den Ladenpreis. Läßt er vom Ladenpreis denselben Mehrwertsteuer-Prozentsatz abrechnen, kommt er unter den Warenwert. Deswegen gehen so viele Unternehmer pleite und so viele Lehrer früher in Pension.

Psychologie

Nützliche Hilfswissenschaft des hauptwissenschaftlich arbeitenden Pädagogen, der seinen pädagogischen Frust mit „zwanghaften Folgen unverarbeiteter Ödipus-Komplexe und frühkindlicher Sexualstörungen in der Analphase des Schülers“ so trefflich umschreiben kann.

Pupille, des Lehrers mit Nebentätigkeiten

Sprachherkunftlich „kleines Mädchen, Püppchen“. Umgangssprachlich rundes Sehloch in der Regenbogenhaut des Auges. Bei Lehrern mit Nebentätigkeiten kein kleines Mädchen, kein Püppchen, kein rundes Sehloch, sondern ein dollarzeichenförmiger Lichtdurchlaß in der Regenbogenhaut beider Augen.

Putzfrau, private

Freundliche Dame mittleren Alters, meist süd- oder südosteuropäischer Nationalität. In Kollegenkreisen bekannter als beim Finanzamt. Bringt einmal wöchentlich Ordnung ins Chaos der Lehrerwohnung, hat aber striktes Zutrittsverbot zum Arbeitszimmer.

Neben der Kinderfrau (siehe dort) Grund dafür, daß die emanzipierte Lehrersfrau wieder einen Halbtagsjob in ihrem alten Beruf annehmen mußte.

Q

Quotenregelung

Zur Zeit letzter, verzweifelter Versuch männlicher Grundschullehrer, zahlenmäßig mit 40 % vertreten zu sein. Kindergärtner, männliche Hebammen und Stationsbrüder (diese Bezeichnung haben männliche Stationsschwestern schon durchgesetzt) wollen folgen.

R

Raucherecke An und für sich ein plurale tantum, denn de facto nur im Plural gebräuchlich und anzutreffen. Von Schularchitekten vorausschauend-liebevoll eingeplant. Zahl statistisch nicht feststellbar. Jeder Schüler soll sich selbst verwirklichen oder vernichten und zu seinem grundgesetzlich verbrieften Recht der freien Entfaltung seiner Persönlichkeit kommen.

Raucherzimmer Heimliches Regierungsviertel des Kollegiums.

Raumpflegerin Die ärmste Sau der Schule, die ab Mittag genau den Dreck von genau den Schülern wegmachen muß, deren Mütter zu gleicher Zeit woanders anderer Leute Dreck wegmachen, damit ihre Kinder die neuesten Rambo- und Pornokassetten leihen können, weil Mutter ja nicht zu Hause ist.

Rechenschieber Was für den Chefarzt das Stethoskop in der Kitteltasche, ist für den intellektuellen Mathematiklehrer älteren Semesters der Rechenschieber in der oberen, linken Anzugjackentasche. Natürlich neugierig herausguckend und auf den fachgerechten Einsatz wartend wie das Stethoskop des Professors.
Von fortschrittlichen, elektronischen Taschenrechnereignern verpönt, da zum erfolgversprechenden Gebrauch des Rechenschiebers nicht nur mathematische Grundkenntnisse, sondern auch mathematische Durchschau gehören. Der Rechenschieber hat nämlich weder Tasten noch Digitalanzeige.

Rechtschreiben Rechtschreiben ist nicht Rechtsprechen.
Rechtschreiben ist schriftliches Richtigsprechen, und Rechtsprechen ist mündliches Richtigsprechen. Senkrecht ist aber auch ein Recht, was nicht heißt, daß da Recht gesenkt wird.

Rechtschreibung rächtschraipunk iss kain broplem — mittem Riechtigenn süßtehm.

Raucherecke

Referat, des Lehrers	Wichtiger Auftritt des Lehrers in wichtigen Konferenzen. Lehrer nestelt mit Handzetteln herum und berichtet von Erkenntnissen der vorletzten Fortbildungsveranstaltung, was die Kollegen überhaupt nicht interessiert, weil sie den nun Fortgebildeten damals vertreten mußten.
Referatvergabe	Rückgriffsmöglichkeit des Lehrers in allen Fächern, für jedes Thema. Für irgendetwas interessiert sich auch der doofste Schüler, irgendwo weiß er für sein Alter recht gut Bescheid. Also läßt der Lehrer referieren. Der Schüler kann auch ab- oder vorlesen, nur Selbst(ab)geschriebenes muß es sein. Das ist dann in den meisten Fällen so toll, daß die Vier doch noch da gegeben werden kann, wo sie zur Versetzung oder zur Reife (Abitur, Matura) fehlt.
Regierungspräsident	Läßt durch seine Regierungsdirektoren (die verdienen — ? — viel, aber viel weniger als der Regierungspräsident und viel mehr als die Lehrer) Anordnungen treffen, die der Kumi (siehe dort) kraft seines Amtes wieder aufhebt. Dafür gibt er den unter- und nachgeordneten Schulaufsichtsbezirken (Schulämter, Schulräte) gern Anweisungen, welche von dort an die wiederum nach- und untergeordneten Schulleitungen (Rektoren, Direktoren) und von dort wiederum an die noch untergeordneteren Lehrer weitergegeben werden. Dort ganz unten bei der pädagogischen Arbeiterklasse können diese Anweisungen aber nicht umgesetzt werden. Grund: Die beamtenchinesischen Termini sind durch zahlreiche amtliche Abkürzungen derart miteinander verknotet, daß das Ganze noch nicht einmal rückwärts gelesen einen Sinn ergibt.
Reisekostenabrechnung	Formular, DIN-A-4, mindestens fünffach. Ein gelungenes kultusbürokratisches Unternehmen, Lehrer zum Verzweifeln oder Lügen zu bringen. Da der Lehrer amtliche Kennnummern und Abkürzungen wieder vergessen hat, seit der Schulleiter das doch so lehrergerecht erklärt hat und die Haus-

Referatvergabe

Revision, des Lehrers

haltsmittel bis zur Prüfung, Teilerstattung oder Ablehnung längst erschöpft sind, gibt er auf.
Da jubelt er dem Finanzamt lieber ein paar private Taxifahrten zu Stammtisch, Kegelbahn, Waldlauf oder Schwiegermutter als dienstliche Elternbesuche unter. Das gibt Bares, und zwar schon wenige Monate nach Karneval (siehe dort).

Rektorkasse

Kleinstmögliche Imitation der Spendenkassen unserer großen, staatstragenden Parteien.

Revision, des Lehrers

In grauen Vorzeiten neuzeitlicher Pädagogik gefürchteter Begutachtungsbesuch durch eine regierungsamtliche Schulaufsichtsperson mit Gefolge. Daher der alte, dennoch gute Lehrertip: Je eine bombensichere, mindestens zwanzigmal erfolgreich angewandte Deutsch-, Mathematik- und Gesellschaftslehrestundenvorbereitung des Schuljahres bis zum vorletzten Schultag im Safe lassen.
Heute ist das Ganze entschärft: Geht eine Beurteilung nach Besichtigung und Begutachtung völlig in die Hose, rät der Personalrat, nur ein Beratungsgespräch daraus machen zu lassen. Die nächste Revision wird dann für den Tag nach der Pensionierung terminiert. Es gibt schließlich viel zu tun und zu revidieren.

Routine

Das, was dahintersteht, wenn der gestandene Lehrer etwas ohne besonderes Engagement und mit halbem Hintern macht, was trotzdem ankommt und klappt, wozu sich die jüngeren, besseren Fachleute mit Prädikatsexamen nicht trauen.

S

Sachaufgaben, in Schulbüchern

Früher: Textaufgaben. Härtetest für den im Leben stehenden Mathematiklehrer, der den Schülern was Praxisnahes mit auf den Lebensweg geben möchte. Stundenlöhne von 4,80 DM und

Schulanmeldung
„Liebe Kinder, ich begrüße euch zu eurem künftigen Vormittagsprogramm."

Quadratmetermieten von 2,65 DM gibt es nur noch in kultusministeriell genehmigten Schulbüchern.

Schmerzensgeld Monatliche Bezüge des Lehrers. Zusammengesetzt aus Grundgehalt, Ortszuschlag, Mehrbetrag, Kindergeld, abzüglich Abzüge und Verrechnung von Vorschüssen.

Schöffen Meistens Lehrer, weil sie gerecht, ehrenämtergeil und während der Dienstzeit umsonst zu haben sind.

Schulanmeldung Der Tag, an dem der Lehrer seine Krawatte umbindet, das Rasierwasser von Aigner benutzt (von der Klassenpflegschaftsvorsitzenden geschenkt) und so vertrauensvoll und freundlich dreinblickt, wie er das sonst nur beim Kreditgesuch bei der BfG schafft. Nur ein Bernhardiner oder Cockerspaniel beim Häufchen machen im Wald kann das überzeugender.
Grund: Arbeitsplatzsicherungsmaßnahme wegen schwindender Schülerzahlen nach erfolgreicher Sexualaufklärung an der selben Schule.

Schulbesuchsmahnung Regelmäßiger Brief (mit blauem Umschlag) an die Eltern des gelegentlich anwesenden Schülers, in dem an die Schulpflicht erinnert wird, weil die Eltern das Recht auf Schule geringer einschätzen als die Pflicht zur Schule.
Beliebtes Sanierungsinstrument der Deutschen Bundespost.

Schulbus Subventionierte Verwendungsmöglichkeit für Verkehrsbetriebe, die die Kosten der Überführung ausgedienter Linienbusse in ein Entwicklungsland scheuen, weil die Überführungskosten den Kaufpreis drastisch übersteigen.

Schulbusfahrer Der absolute Härtetyp mit einem dramatischen Hörschaden, der dem Lehrer die auswärtige Kundschaft zusammenkarren muß.

Schulgarten Das non-plus-ultra im Planungsstadium. Das war's dann.

Schulverein, e.V.	Irgendwo eingetragener Verein, zu dem Eltern Beiträge leisten, die Bedenken haben, der Lehrer könnte ihr Kind andernfalls benachteiligen oder sogar sitzenlassen.
Schwangerschaftsurlaub	Fällt bei Lehrern unter die Quotenregelung. Bei Schülerinnen gern gesehen wegen der schwindenden Schülerzahlen. Aber nur, wenn der Lehrer nicht der Auslöser war.
Schwimmlehrer	Der sportlich-knackige Typ mit den etwas anderen Ansichten, der in jeder ZDF-Serie besser aufgehoben wäre als im Schuldienst, und unwidersprochen behauptet, daß er mit seiner Dienstkleidung bei der Einkommensteuererklärung verdammt schlechter abschneidet als der Physiklehrer mit seinen dauernd verätzten Kitteln.
Schwindel, des Lehrers	Krankhafter Schwindel entsteht durch Erkrankungen des Ohrlabyrinths (z. B. Labyrinthis o. dgl.). Praktischer Schwindel ist Schwindel und dient Schwindlern unter den Lehrern als Entschuldigungsgrund für nicht lehrergerechte Lebensführung am Vorabend. Wird aber auch von Eltern für Schüler-Entschuldigungen in Anspruch genommen. Ist doch egal, wer da wie schwindelt oder von Schwindel oder Schwindlern befallen ist.
Sexualkunde	Siehe Aufklärung.
Sicherheitsbeauftragter	Muß an jeder Schule vorhanden und gemeldet sein. Lehrer, der Unfallmeldungen von Schülern unterschreibt, von denen er nichts weiß, und auch nicht weiß, wie der Unfall zustandegekommen ist. Eine Unterschrift eines Beauftragten erleichtert die Abwicklung.
SMV	Schülermitverwaltung. Ärgernis des Lehrers. Die will nur modernen, nach allen Erfahrungen unpädagogischen und modernen Kram durchsetzen, mit dem sich bestenfalls unerfahrene Jungpädagogen identifizieren.

Schwimmlehrer

„Nach meiner Methode lernt ihr in höchstens zehn Minuten schwimmen!“

Statistik
„Guten Tag! Ich bin die Lehrerschwemme,
seid ihr der Pillenknick?“

Sonderpädagoge	Früher: Sonderschullehrer. Noch früherer: Hilfsschullehrer. Heute: Pädagogischer Friedhofswärter, zuständig für die irreparablen Folgen der Unfälle reformierter Grund-, Haupt- und Gesamtschulpädagogik.
Sonderschule	Von unsachlichen Spöttern ebenso gern wie zu Unrecht als Klötzchenschule oder Brettergymnasium bezeichnet. Die wissen nicht, wieviele Gymnasiasten verbrettert sind. Eigentlich: Hilfsschule. Aber diese Bezeichnung ist zu alt. Eine Schule, in der Benachteiligte Hilfe suchen und finden. Wer um Hilfe sucht, soll Hilfe finden. „Sonderschule" klingt aber akademischer. Wenn Friseure zu Coiffeuren oder Hair-Stylisten werden und Müllmänner zu Entsorgungstechnikern, werden hilfsbedürftige Schüler logischerweise zu besonderen Schülern, eben Sonderschülern.
Soziologie	Hilfreiche Hilfswissenschaft der eigentlichen Wissenschaft namens Pädagogik. Ermöglicht es dem toleranten Lehrer, Schulhofschlägereien und -messerstechereien als „soziale nonverbale Kommunikation mit brachialer Marginalkomponente" in den Unfallbericht aufzunehmen.
Spätaussiedlerkinder	Die große Hoffnung arbeitsloser Lehrer. Lehrerverbände betreiben die Wiederheimkehr der 50 Millionen deutschstämmigen US-Amerikaner, um Arbeitsplätze zu bekommen.
Spickzettel	Siehe Fuschzettel.
Sportschuhe	Fuß-Einheitskleidung für Lehrer bis 50, weil sie jung sind, und ab 50, weil sie sich jung fühlen oder als jung zeigen wollen.
Sprechanlage	Außer Betrieb.
Statistik	Sammel-Fremdwort für amtliche Anhäufung von Lügen, Notlügen, gekonnten und dilettantischen Fälschungen. Dient Politi-

kern zur professionalen Planung des Schulwesens im neuen Jahrtausend.

Steuergelder Kein Thema für ein Fröhliches Wörterbuch gerade über Lehrer.

Strafarbeiten In Zeiten moderner Pädagogik Gott sei Dank abgeschafft, weil verboten. Heute lassen Lehrer nicht zur Strafe, sondern zu Lern- und Übungszwecken zweihundertmal in Schönschrift schreiben: „Ich darf nicht auf die Treppe spucken."

Stundenplan Von der stellvertretenden Schulleitung mit Assistenz erfahrener Lehrer sorgfältig erstellte strategische Meisterleistung zur Ordnung des Unterrichtsvormittags, die so zuverlässig ist wie die Terminzusage eines Installateurs.

Südafrika Land, über das fast alle Lehrer fast alles wissen, weil sie es schon so oft intensiv bereist haben und daher besser kennen als Schwarzwald, bayerischen Wald und Lüneburger Heide zusammengenommen, obwohl sie diese Gebiete zwar auch bereist haben, aber das nur mußten, weil sie als Kleinkinder von ihren Eltern damals als lästige Mitbringsel behandelt wurden.
Südafrika kommt schließlich in den vorgeschriebenen Fächern Deutsch, Mathematik, Religion, Erdkunde, Geschichte, Gesellschaftskunde, Politik usw. sowie in allen genehmigten und empfohlenen Schulbüchern vor — und das sind viele.
Schwarzwald, Bayerischer Wald und Lüneburger Heide kommen höchstens in Heimatfilmen der fünfziger oder der frühen sechziger Jahre vor.

Superlativ Siehe Komparativ.

T

Tafellappen Unästhetischer, aus Altkleidersammlungen einer ganz großen wohltätigen, gemeinnützigen Organisation hergestellter Wisch,

Tafellappen

„Man sollte den alten Fetzen aus dem Fenster schmeißen!“

Taschenrechner

„Und nun rechnen wir, wieviel drei Taschenrechner plus fünf Taschenrechner sind!“

	den das ästhetische Vorbild Klassenlehrer bestenfalls durch den abgehärteten Klassensprecher zum Einsatz bringen läßt.
Tagesordnung	Bringt Unordnung in den Lehrertag. Muß ganz schnell genehmigt werden, damit die Unordnung nicht noch größer wird.
Tangente	Für Lateiner kein Problem. Von älteren Mathematiklehrern gern benutzter Terminus für Kreisberührungslinie. Kommt aus der lateinischen Partizip-Präsens-Form des Verbs „tangere". Den Spruch kennt doch jeder Gebildete: „Noli me tangere", sagte die Schwangere. In Wirklichkeit aber mehrspurige, verstopfte und verampelte Neubau-Durchgangsstraße in sanierten Städten.
Taschenrechner	Von Lehrern unwidersprochen als progressive, durch kultusministeriellen Erlaß geförderte Verblödungshilfe bezeichnet. Deshalb im Schulalltag nur für Lehrer erlaubt, nicht für Schüler.
Terminologie	Gutklingende, gängige Bezeichnung für Fremdwortanhäufung, wenn Lehrer miteinander über Pädagogik schlechthin oder über pädagogische Problemfälle im einzelnen reden. Andere würden sowieso nichts davon verstehen. Klingt nach Termin (wie aufregend!) und Logos (wie intellektuell!). Stimmt aber nicht.
Tiefbauamt	Siehe auch Gartenamt. Was für das Gartenamt der Rasenmäher, ist für das Tiefbauamt der Bagger.
Tinte, grüne	Nicht politisch zu sehen. Flüssiger Regimentsstab-Inhalt des Schulleiter-Regimentsstabs. Anmerkungen mit grüner Füllertinte rangieren sogar vor grünen Marker-Markierungen des Schulleiters, da es sich hier um schulleitereigene geistige Produkte handelt.
Todesanzeige, des Lehrers	Siehe Nachruf.

Türklinken, an Klassenzimmern
„Bei uns ist die Grippegefahr gebannt.
Jeder hat seine eigene Klinke!“

Topfpflanzen

Wichtiges Übungswort für die Rechtschreiberziehung. Noch wichtiger als Zier- und Einrichtungsgegenstände in Sekretariaten, Lehrer- und Schulleiterzimmern.
Am wichtigsten als pädagogische Asche- und Zigarettenstummeldeponien. Die Gastpflanzen müssen täglich sorgfältig gegossen werden (Sekretärin), damit die Tabakdeponate optimal an die aufsaugenden Wurzelspitzen gelangen. Ursachen für kümmerlichen Wuchs der Topfpflanzen sind noch nicht erforscht. Sie sind noch nicht einmal vom Fachberater Biologie zu erklären, obwohl der heftig Rote Hand (das ist eine Zigarettenmarke) raucht und dabei zwar gelbe Finger kriegt, aber über die Schädigungen der Topfpflanzen nichts Gescheites zuwege bringt.

Türklinken, an Klassenzimmern

Werden von Lehrern eigenartigerweise per Hand betätigt. Dient Schülern als Trainingsgerät, um Türen im freien Flug per pedes zu öffnen.

1. Besonders in Nachkriegszeiten viel zu schwach konstruiert im Verhältnis a) zur Häufigkeit des heftigen Gebrauchs und b) zum Gewicht des riesigen Türblatts eines Klassenzimmers.
2. Erheblich zu hoch angebracht, um durch Schülerfüße ohne Anlauf, körperliche Verrenkungen und bestialisches Kung-Fu-Geschrei betätigt werden zu können.

Gut geeignet dagegen zu Kraftproben zweier etwa gleichstarker, sportlicher Wettbewerbsgruppen, von denen die eine die Tür von innen zuzuhalten, die andere diese von außen aufzureißen versucht, um am drinnigen Video-Vergnügen doch noch teilzunehmen zu versuchen, was der Lehrer weder möchte noch bemerkt. Der Prickel der sportlichen Auseinandersetzung liegt eben nicht in der Kondomwerbung auf Fußballertrikots, sondern in der Äquivalenz und Ambivalenz der friedlich streitenden sogenannten Gegner.
Gut geeignet auch zur spontanen Momentanintelligenz-Feststellung der Schüler: Tritt er von oben auf das Ende der Klinke, will er die Türe öffnen. Tritt er (von oben oder unten) vor den Knick der Klinke, will er die Klinke abbrechen. Beides

sind intelligente Problemlösungsversuche. Macht er es andersrum, ist er doof, und das merkt sich ein Lehrer nachhaltig.
Gut geeignet ferner für tiefenpsychologische Betrachtungen und Interpretationen durch den Lehrkörper:
Die Türklinke hängt nämlich (nach zu starker Beanspruchung) arg unmotivierbar schlaff hin- oder herunter (kommt auf die Körpergröße des interpretierenden Lehrkörpergliedes an), wenn sie weder bereit noch in der Lage ist, sich für ihren eigentlichen Zweck in Anspruch nehmen zu lassen. Da gibt es Parallelen zu Gliedern von Gliedern der Lehrkörpermitglieder mit Körpern und Gliedern.
Honi soit qui mal y pense.

U

Unfallklinik Vertragspartner des Sportlehrers.

Unterrichtsgang Vormittägliches, dienstliches Frischluftschnappen mit Schülerbegleitung zur Befreiung des Lehrergeistes, wenn Lehrer und Geist am Vorabend von geistigen Getränken überfallen worden sind.

Unterrichtsschluß Startschuß zu einem produktiven Lehrertag.

Unterstufenlehrer Lehrer unterer Ansehensstufe (siehe Mittelstufenlehrer, Oberstufenlehrer).

V

Verbindungslehrer Auch SV-Lehrer, gelegentlich unverständlicher- und unverantwortlicherweise sogar Vertrauenslehrer genannt. Soll als von Schülern (nicht: Lehrern!) Gewählter eine Verbindung zwischen

Unterstufenlehrer

„Ich habe heute früh vergessen, ihm die Schuhe zu binden!“

Verbindungslehrer
„Na los, sagen Sie es doch
dem Lehrer!
Ich bin der Lehrer!“

Schülern (und deren Anliegen) und Lehrern (und deren Anliegen) herstellen und — falls wider Erwarten vorhanden — pflegen.

Suspekter, meist jüngerer Typ, der nun wirklich noch keine fundierten Erfahrungen mit den Schülern und ihren sog. Problemchen haben kann. Außerdem saß er noch vor wenigen Jahren in der Hochschule und mußte selbst noch lernen. Noch nie mit Krawatte und folglich auch noch nicht bei Wohltätigkeitsveranstaltungen oder Sinfoniekonzerten angetroffen worden.

Trägt überdies vorwiegend saloppe Kleidung, untenrum häufig verwaschene Jeans, die

a) unpädagogische Aufkleber auf einer Gesäßhälfte haben und
b) Rückschlüsse auf unterleibsanatomische Eigenheiten des männlichen Trägers zulassen.

Ist sogar schon bei Einbruch der Dämmerung in oder vor Jugendkneipen fast identifiziert worden (vom Kollegen M., der immerhin das gewählte Vertrauen der Lehrer hat, seit mehr als acht Wochen Sicherheitsbeauftragter der Schule zu sein), wobei er — und das ist die Höhe — einem erst siebzehnjährigen Schüler eine Marlboro oder sogar Camel angeboten und einer gerade erst achtzehn Jahre alt gewordenen Schülerin Feuer angeboten haben soll (pfui!).

Setzt sich ein für pädagogisch Verdächtiges und redet auch noch vor Kollegen darüber: Schüler-Partys, Schüler-Discos, Schüler-Turniere, Schüler-Zeitung (mit Bindestrich, damit der „Schüler" optisch nachhaltig und akustisch gründlich in die Kollegenaugen und -ohren springt!).

Die Schüler-Zeitung ist nun die höchste unverschämte Höhe, da Schüler dann unverblümt über ihre Lehrer schreiben können (was würde Plato dazu sagen?), wobei der sog. „Vertrauenslehrer" diese dilettantischen Schreibversuche auch noch orthographisch soweit in Ordnung bringen könnte, wie er selbst dazu in der Lage ist. Und dafür kriegt der auch noch eine Verfügungsstunde!

Verfügungsstunde	Die Freistunde, die der Lehrer per Konferenzbeschluß wöchentlich bekommt, von der er aber nicht weiß, warum er sie bekommen hat und wogegen er aus Kollegialität nicht protestiert.
Vertretungsunterricht	Da spielt der erfahrene Fachmann seine ganze lehrerische Kompetenz aus und erledigt seine Privatkorrespondenz, während Schüler Fuschzettel, Poesiealben, Bravos, Pornohefte und noch eingesiegelte Kondome austauschen dürfen, solange sie dieses ruhig tun.
Videogerät	Meistens kaputt, unauffindbar oder beides. Falls sich die seltene Kunde der Einsatzbereitschaft wundersam verbreitet, stellen erfahrene Kollegen schnell fest, wer sich mal wieder nicht vorbereitet hat und sich auf die 45-min-Cassetten stürzt.
Volkshochschule (VHS)	Ganz oben in der Hitliste der Nebenerwerbsquellen für Lehrer. Die VHS zahlt zwar schlecht und behäbig, aber sicher, da es sich um Steuergelder handelt. Das Treppenputz-Lohnniveau akzeptieren Lehrer jedoch, da sie sich immerhin „Dozenten" an einer (allerdings nur Volks-)Hochschule nennen dürfen.
Vorbild	Das, was der Lehrer sein soll, aber nicht sein kann, weil er nicht will, daß seine Schüler genauso spießig werden sollen wie er selbst. Also auf zu neuen Ufern.
Vordruck	Wird vom Lehrer dort blind und blanko unterschrieben, wo Schulleiter oder Sekretärin die Kreuze gemacht haben.

W

Wahl, des Elternpflegschaftsvorsitzenden	Trifft immer denjenigen, der immer noch mit möglichst interessiertem Gesicht nach dem Elternabend da rumsitzt, obwohl die

Videogerät
„Ich darf gar nicht dran denken,
daß Klausi jetzt die Porno-Cassette in der Schule hat!“

Walkman

anderen Schüler-Eltern-Vertreter längst woanders rumsitzen: in der Kneipe nebenan, im Knast oder vor Dallas. Gott sieht alles, außer Dallas.
Der Erwählte bzw. Gewählte hat dann plötzlich ein Amt, er ist nicht nur quasi Amtsinhaber, wozu ihm eine Jungfrauengeburt verholfen hat und womit er aber auch nichts anzufangen haben wird. Aber nun ist er ein Vorsitzender, und das verleiht Profil und Selbstbewußtsein. Das ist doch schön, das ist doch was. Da werden Muttis Augen glänzen, wenn er zurückkommt von einer Versammlung, zu der er eigentlich gar nicht hinwollte. Und wo sich Mutti doch immer so schön bescheiden zurückhält.
Ihr Männe ist nun ein leibhaftiger Vorsitzender!

Walkman

Sichtbares Zeichen des Fortschritts. Von älteren Personen auch im Sommer für Ohrwärmer gehalten. Von Lehrern vorschnell als Verblödungsmaschine abqualifiziert. Von Englischlehrern gehaßt, weil von ihren Schülern dauernd der Plural „Walkmänner" gebildet wird. Von Schülern jedoch als rationelle Fuschhilfe und Unterrichts-Ablenkungshilfe geschätzt.

Wandtafel

Sehr teure, unentbehrliche, senkrecht angeordnete, unübersehbare und mobile Aufnahmefläche an der Klassen-Stirnseite zur Feststellung, wieviel $CaCO_3$-Gemisch von Lehrern darauf angebracht werden kann, ohne daß das Gemisch auf die Sportschuhe tropft oder den Zorn der Putzfrau hervorruft. Wird nur geputzt, wenn der Schulrat kommt. Und der kommt selten.
Beliebt als Schüler-Zielscheibe für Kaugummis und mit einem mindestens 30 cm langen Lineal (Werbegeschenk der Sparkasse) abgefeuerte, gut durchgekaute Löschpapierkügelchen, da Löschpapier wegen der Kugelschreiber (Werbegeschenk der Sparkasse) inzwischen überflüssig ist.
Der Plastikbehälter rechts unter der Tafel dient der Aufnahme möglichst vieler, möglichst kleiner $CaCO_3$ (=Kreide)-Reste, die aufgrund ihrer mikroskopisch kleinen Größe nur mittels guter Brillen (beihilfefähig) und sorgfältig manikürter Fingernägel (nicht beihilfefähig) zu erkennen bzw. greifen sind.

Die Kratzer auf der Tafel sind keine Altersfalten oder Abnutzungserscheinungen wie im Gesicht des Lehrers, sondern Spuren der Fingernägel, die die o. g. Kreidereste zu halten versucht haben, um auf diese hoffnungslose Art etwas Lern- und Behaltenswürdiges an die Tafel zu schreiben, also den Schülern gewissermaßen etwas anzukreiden, was nicht die feine Art ist.
Der tiefste, jungen Lehrern natürlich unbekannte Sinn einer Wandtafel ist sehr sublim und besteht darin, daß der Etat für die Anschaffung weißer Kreide von Zeit zu Zeit künstlich erschöpft gemacht wird. Also Rückgriff auf die noch reichlich vorhandenen farbigen Kreiden (außer rot). Wenn das damit an der Wandtafel Demonstrierte anschließend mittels Schwamm, Wasser und Lappen gut verteilt, verschmiert, verwischt und vermatscht ist, lassen sich anschließend durch Schulleitung und Schulaufsicht per RORSCHACH-Test lückenlose und verwertbare Rückschlüsse auf die Persönlichkeit sowie die fachlich-pädagogisch-psychologischen Qualitäten des Kollegen ziehen.

Werbung, in der Schule Streng verboten.
Es sei denn, es werben Firmen oder Parteien, die dem gemeinnützigen Schulverein (der ist mehr nützig als gemein!) größere Sach- oder Barspenden versprechen oder sogar zukommen lassen.

Werbungskosten Dominierender Ausgabeposten in der Einkommensteuererklärung des Lehrers. Erklärt, warum die meisten Lehrer vor lauter Kosten zu nichts, bestenfalls zu einem Reiheneigenheim kommen.

Werkraum Teurer, meist unbenutzter Raum mit Leim- und Holzgeruch im Erd- oder Untergeschoß, der beweist, daß die Inventarliste (Sollzustand) und Realität (Istzustand) wie Feuer und Wasser sind. Selbstbedienungsladen für lehrende Heimwerker und heimwerkende Lehrer.

Werbung, in der Schule

„Also gut, wir reden nachher über Ihre Beförderung, Herr Müller!“

Zensurenbuch

„Ich habe nicht aufgepaßt, als die Zeugnisse verteilt wurden, und wieder ein schlechtes erwischt!“

Z

Zensurenbuch

Vorne findet man nur unwesentliche Eintragungen betr. Buchinhaber, seiner Schüler und deren Adressen sowie Zensuren, die man verbessern kann (Referat genügt). Man muß beim Würfeln (jeder Würfel geht von eins bis sechs) ja nicht jedesmal so ein Pech wie beim letzten Mal haben.

Das Zensurenbuch wird von Schülern völlig zu Unrecht gefürchtet. Es teilt das Jahr in die wirklichen Jahreszeiten ein. Es gibt nur zwei Jahreszeiten: Die Zeit vor und die Zeit nach den Sommerferien. Deshalb sind die dazwischen liegenden Ferienzeiten rot markiert, damit der Lehrer diese nicht übersieht. Da bleibt für dienstliche Eintragungen wenig Platz.

Das wirkliche Lehrerjahr ist nicht das Lichtjahr (dauert zu lange), das Geschäftsjahr (Geschäft läuft auf den Namen der Frau) oder das Kalenderjahr (wieso ein Jahr, das sich nach Sonne und Mond statt nach Lehrerferien richtet?). Nein, das Lehrerjahr beginnt mit den Sommerferien und endet mit den Sommerferien. Einzig mögliche Ausnahme: Das Lehrerjahr endet mit den Sommerferien und beginnt mit den Sommerferien.

Deshalb beginnt das Zensurenbuch oder der Lehrerkalender (das ist de facto dasselbe) konsequent am 1. August. Der 1. August ist der gesetzliche Beginn des Schul- und Lehrerjahres. Gesetze müssen sein, Lehrer müssen wegen des Beamteneides gesetzestreu sein. Das gesetzliche Schul- und Lehrerjahr endet am 31. Juli, also müssen Lehrer auch hier, obwohl das nur einen Tag vorher liegt, gesetzestreu sein.

Zwischen Beginn und Ende des gesetzlichen Lehrerjahres sind private, also wichtige Lehrertermine eingetragen. Zensuren im Zensurenbuch würden Schüler nur frustrieren. Frust ist leistungs- und motivationshemmend. Diese wertvolle Erkenntnis verdanken Lehrer den Psychologen. Wofür die Lehrer dankbar sein müßten, anstatt die Psychologen in überheblicher Weise als Hilfswissenschaftler für die Pädagogen abzuqualifizieren.

Also finden sich im Zensurenbuch hinter meist umrandetem großen T (umrandetes T heißt wichtiger Termin) u. a. folgende Eintragungen:
Kegeln, Nachhilfe, Volkshochschule (als Dozent!), Stadtrat, Ausschuß (in der Industrie ist das was total Minderwertiges, was sich nur noch verramschen läßt, wenn man auf die Fehler hinweist), Vorstandssitzung der Taubenzüchter, Zuchtplanbesprechung des Teckelzüchtervereins, Skat, Kosmetik, Stammtisch, Bundesbrüder (bei älteren Kollegen), Kegeltour, Inspektion oder TÜV Zweitwagen für die Frau oder Lebensgefährtin, Joggen mit dem Kreditsachbearbeiter, Provisionsabrechnung mit dem Beamtenheimstättenwerk, Gratissaufen (dienstlich) beim Schulrat, weil der sechzig wird und sofort danach in Pension geht u.v.a.m., u.s.f., u.s.w., etc., ...

Zeugnis

Erpresserbrief des Lehrers schlechthin. Wird von toleranten Eltern nur für Nötigung gehalten. Leider zu seltene Bestätigung des Lehrers, daß nur er entscheidungsbefugt ist, zu entscheiden und sogar noch zu schreiben, was nun sehr gut oder sogar ungenügend (nach seinen Maßstäben) ist.

Zitzewitz, Hauptmann von

Legendärer, kaisertreuer Hauptmann, der durch seine Anweisungen in den Kriegen für Vaterland und Reich viel Verwirrung bei unseren Mathematiklehrern gestiftet hat.
Er mußte mal sechzig berittene Husaren in eine gefährliche Attacke schicken und gleichzeitig zusehen, wie mindestens fünfzig davon vom bösen Feind gnadenlos abgeballert wurden. Daraufhin bat er seinen Vorgesetzten dringend, die Attacke abblasen lassen zu dürfen, weil achtzig Prozent seiner mutigen Husaren schon tot seien.
Der große, übergeordnete Stratege meinte aber, daß bei nur sechzig ausgeschickten Reitern keinesfalls achtzig Prozent im Dreck liegen könnten.
Seitdem haben es die vaterlandstreuen Mathematiklehrer mit der Prozentrechnung etwas schwer. Schließlich war Zitzewitz ein guter Hauptmann.

Zeugnis

„Deutsch fünf, Biologie sechs, Rechnen fünf! Was ist denn das für ein mieses Zeugnis?“

Zoobesuch

Zoobesuch

Regelmäßiger Unterrichtsgang von Sonder-, Grund- und Hauptschullehrern zur Bestätigung der These, daß der Mensch weder vom Affen noch der Affe vom Menschen abstammt.
Jede Übereinstimmung phänomenologischer Art oder optische Verwandtschaft mit lebenden oder noch zum Leben zu erweckenden Schülern/Lehrern ist wirklich rein zufällig und garantiert völlig unbeabsichtigt.

Zwischenzeugnis

Pädagogisch-psychologisch-taktisch-strategischer Meistertrick des Lehrers zur Schüler-Verhaltens-, Leistungs- und Chancensteuerung:
Steht der Schüler in Mathe auf einer Drei, bekommt er eine Vier, damit er verdammt nochmal ab sofort mehr tut. Steht er jedoch auf einer Drei, und er muß sich mit diesem Zeugnis um einen Ausbildungsplatz bewerben, bekommt er eine Zwei, damit er ab sofort bessere Lebenschancen hat. Lehrer helfen eben hilfreich beim Chancenvergeben sowie in allen Lebenslagen. So ist also jede Lösung, die der Lehrer löst, die beste.

ZZZ

Zum Zluß zas zunziderruflich zetzte Zapitel zum Zröhlichen Zörterzuch züber Zehrer zit zen zanz zielen „Zet" zum Zeweis, zaß zas Zröhliche Zörterzuch züber Zehrer zirklich zit Zet zaufzört.

WISSEN IST MACHT
WISSEN IST MÄCHTig schwer

Fröh·li·che Wör·ter·bü·cher von A bis Z

ISBN 3–8231–0135–8

ISBN 3–8231–0126–9

ISBN 3–8231–0127–7

Jeder Band hat 96 S. und ca. 45 Karikaturen

ISBN 3–8231–0139–0

ISBN 3–8231–0116–1

ISBN 3–8231–0105–6

ISBN 3–8231–0138–2

ISBN 3–8231–0136–6

ISBN 3–8231–0110–2

ISBN 3–8231–0101–3

ISBN 3–8231–0120–X

ISBN 3–8231–0137–4

ISBN 3–8231–0121–8

ISBN 3–8231–0152–8

ISBN 3–8231–0122–6

ISBN 3–8231–0144–7

ISBN 3–8231–0114–5

TOMUS-Bücher

ISBN 3–8231–0113–7

ISBN 3–8231–0107–2

ISBN 3–8231–0128–5

ISBN 3–8231–0112–9

ISBN 3–8231–0149–8

ISBN 3–8231–0129–3

ISBN 3–8231–0143–9

ISBN 3–8231–0119–6

ISBN 3–8231–0123–4

ISBN 3–8231–0134–X

ISBN 3–8231–0154–4

ISBN 3–8231–0124–2

ISBN 3–8231–0140–4

ISBN 3–8231–0117–X

ISBN 3–8231–0156–0

ISBN 3–8231–0109–9

ISBN 3–8231–0102–1

ISBN 3–8231–0111–0

ISBN 3–8231–0151–X